Pô Bit-Na

VOTRE SIGNE ASTROLOGIQUE CHINOIS EN 2005

C

戌

DE VECCHI POCHE

Malgré l'attention portée à la rédaction de cet ouvrage, l'auteur ou son éditeur ne peuvent assumer une quelconque responsabilité du fait des informations proposées (formules, recettes, techniques).
Il est conseillé, selon les problèmes spécifiques – et souvent uniques – de chaque lecteur, de prendre l'avis de personnes qualifiées pour obtenir les renseignements les plus complets, les plus précis et les plus actuels possible.

Imprimé en Italie

戌

LES ANNÉES DU CHIEN

- du 10 février 1910 au 29 janvier 1911
- du 28 janvier 1922 au 15 février 1923
- du 14 février 1934 au 3 février 1935
- du 2 février 1946 au 21 janvier 1947
- du 18 février 1958 au 7 février 1959
- du 6 février 1970 au 26 janvier 1971
- du 25 janvier 1982 au 12 février 1983
- du 10 février 1994 au 30 janvier 1995
- du 29 janvier 2006 au 17 février 2007
- du 16 février 2018 au 4 février 2019

INTRODUCTION À L'ASTROLOGIE CHINOISE

Depuis l'aube des temps, sous toutes les latitudes, les civilisations les plus évoluées ont toujours considéré les étoiles comme des centres d'énergie, des générateurs de force, les symboles d'une puissance bien plus qu'humaine, et à ce titre comme des signaux jouant pour les hommes le rôle d'indicateurs de parcours, de véritables guides.

Voilà près de quatre mille ans, alors que l'Occident conçoit peu à peu un système astrologique fondé sur le cheminement du Soleil parmi les différentes constellations, la Chine ancienne élabore pour sa part, des systèmes de lecture des astres fondés sur les phases de la Lune.

C'est ainsi que la succession des cycles lunaires devient l'objet d'une codification et d'une classification donnant lieu à de multiples interprétations.

L'astrologie chinoise que nous connaissons aujourd'hui descend en droite ligne d'une dizaine de systèmes mis en œuvre au long des quatre millénaires de son histoire. À titre de comparaison, l'astrologie occidentale ne sera codifiée, par Ptolémée [1], qu'au IIe siècle de notre ère.

1. Claude Ptolémée (v. 100 – v. 170) : astronome, mathématicien et géographe grec. Considéré comme l'un des plus éminents astronomes de toute l'Antiquité, il développa la thèse d'un système géocentrique du monde qui fit autorité jusqu'au XVIe siècle.

En ces temps lointains, les premiers astrologues chinois observent directement le ciel physique et bâtissent à partir de leurs constatations un système d'analyse complexe. La connaissance et l'usage de l'astrologie sont alors un art réservé aux astrologues de l'empereur, seuls habilités de tout le céleste Empire à consulter les étoiles. Quiconque se risque à cette pratique sans le consentement de l'empereur encourt la peine capitale.

L'observation des étoiles a beau être élevée au rang d'affaire d'État, la volonté populaire de savoir de quoi sera fait le lendemain n'en subsiste pas moins. Elle trouve une expression nouvelle dans la création et le développement de formes d'astrologie « parallèles », qui contournent l'interdit impérial en se fondant sur l'étude de cycles et de nombres sans plus avoir à consulter directement les étoiles.

Le remplacement des mouvements planétaires par des cycles numériques réguliers – symbolisant le parcours des différentes étoiles dans le ciel selon leur orbite avec des variantes aisément calculables – va non seulement éviter les problèmes majeurs avec le pouvoir, mais de plus permettre au peuple chinois, en majorité paysan, une utilisation simplifiée : il n'est plus nécessaire de consulter les tables des planètes pour dresser un horoscope.

L'astrologie chinoise à laquelle nous nous référons aujourd'hui est ainsi établie sur un système cyclique et non sur l'analyse du déplacement des astres dans le ciel. Curieusement, ce n'est qu'entre le VIIe et le IXe siècle de notre ère, alors que la pratique astrologique chinoise est déjà vieille de trois millénaires, que ses symboles zoologiques sont apparus (probablement inspirés de l'astrologie turque). Mais pour mieux comprendre le rôle de l'astrologie et ses racines en ce début de XXIe siècle, il faut revenir un instant aux sources de la pensée chinoise.

HISTOIRE DE L'ASTROLOGIE CHINOISE

Empreinte d'une culture immense et millénaire, la Chine ancienne, berceau d'une civilisation originale à plus d'un titre, est l'un de ces pôles qui vont voir s'éveiller, lentement mais inexorablement, la conscience des astres et de leur rôle dans la vie de l'homme.

Très tôt, on y fait preuve d'un sens développé du religieux, privilégiant l'harmonie entre le ciel, la Terre et l'homme dans tous les domaines, afin de promouvoir un développement naturel des plus équilibrés.

Ce système de pensée repose sur une conception simple : l'homme est une partie du cosmos, un des éléments de l'univers au même titre que beaucoup d'autres, et il doit donc s'adapter au rythme général de ce grand ensemble universel.

Depuis des millénaires, on considère la Terre comme un disque plat au centre duquel se trouve la Chine.

Le ciel englobe la Terre, dont l'axe (autour duquel gravitent les étoiles) touche à l'étoile Polaire. C'est là, sur cette étoile, que trône le maître du monde : le « Fils du Ciel ».

Les principes de base

Les premiers vestiges concrets de la pratique astrologique chinoise remontent au IIe millénaire avant notre ère.

Il s'agit de signes gravés sur des omoplates de mouton, de bœuf et de porc, exprimant des prédictions fondées sur les cycles de la nature.

Ces divers éléments sont très importants, car ils font déjà référence aux cycles sexagésimaux (qui ont pour base le nombre soixante), c'est-à-dire à une construction calendaire typiquement chinoise fondée sur l'entrecroisement de l'élément douze et de l'élément cinq.

On trouve également mention de l'astrologie dans nombre de textes qui seront bientôt considérés comme des classiques, tels le *Yi Jing* (ou Livre des oracles, 1100 avant J.-C.), le *Livre des rites* (almanachs), les *Annales du printemps et de l'automne* (relation de faits historiques et commentaires astrologiques), le *Shi Jing* (répertoire des noms des étoiles et des constellations), le *Livre du prince de Huainan* (IIe siècle avant J.-C.), le *Registre historique* (chronique des dynasties impériales, avec d'importants chapitres sur la divination, l'astronomie, l'élaboration de calendriers), ce qui indique l'importance de cette discipline dans la vie chinoise.

L'astrologie a alors pour fonction première l'étude des présages, et ce plus particulièrement à travers deux types d'observations :

– les premières concernent la survenue d'événements extraordinaires parmi les phénomènes célestes directement observables (on procède à une étude physique du ciel comme en Occident) : luminosité des planètes, comètes, novae, éclipses – conjonctures toujours considérées comme des avertissements divins ;

– les secondes s'attachent aux rondes du Soleil, de la Lune, de Jupiter, qui scandent par leurs mouvements réguliers le rythme ordonné de la vie sur Terre.

De la sorte, « ce n'est que lorsque le ciel dans son ensemble semblait en ordre que l'on pouvait comprendre que le régime impérial était en harmonie avec la volonté supérieure. Mais si ce bel ordonnancement connaissait une brusque variation, cela indiquait qu'une erreur avait été commise par les hommes et que ceux-ci devraient la payer en subissant toute sorte de calamités naturelles, guerres ou pestilences.[1] »

De fait, on ne peut réellement percevoir la singularité de l'astrologie chinoise qu'en prenant le temps de cerner les différences majeures qui la distinguent de la conception occidentale de l'étude des astres.

La première distinction essentielle entre ces deux systèmes astrologiques réside dans les coordonnées de référence sur lesquelles vont s'appuyer toutes les analyses.

En Occident, les études reposent sur l'écliptique (le plan sur lequel le Soleil semble cheminer autour de la Terre, plan incliné à 23,5° par rapport à l'équateur terrestre), alors qu'en Orient elles sont repérées d'après l'équateur céleste (le *Sentier rouge*).

À cela s'ajoute un symbolisme des cinq planètes majeures également différent : à titre d'exemple, Vénus,

1. Laura Tuan, *Cours d'astrologie chinoise*, Éditions De Vecchi, 1994.

astre féminin de la beauté en Occident, est masculine en Orient et planète du Métal et des armes ; Jupiter, planète des dieux, de l'autorité et de la chance en Occident, devient féminine en Orient, étoile des années, du Bois, du printemps, de la naissance et de la croissance.

Un autre paramètre essentiel en Chine concerne les repères cardinaux.

Alors que pour l'Occident les critères de direction ne sont plus pris en compte depuis les lointaines époques étrusque et latine, en Chine ils constituent encore des données indispensables et incontournables. Ainsi, même aujourd'hui, selon l'astrologie populaire,« les probabilités de succès ou d'échec en affaires, dans les études ou en amour dépendent étroitement de la direction qui doit être étudiée et correctement modifiée pour attirer les faveurs du sort.

L'est est toujours favorable, car c'est la direction de la fécondité et de la croissance, c'est de l'est que l'on voit surgir le Soleil. Il en va de même pour le sud, qui est lui aussi favorable, bien que plus aride. L'ouest réalise, mais avec un retard ; le nord présage toujours des difficultés et, sauf dans quelques cas, il convient de l'éviter.[2] »

Il en résulte des interprétations astrologiques forcément « différentes » qui, bien plus qu'en Occident, ne se limitent pas à prévoir les faits et les tendances, mais multiplient les interdits et les conseils, établis également d'après une connaissance et une observation très approfondies des saisons, des lunaisons, des points cardinaux, et de leur influence sur la trajectoire de tout individu.

2. Laura Tuan, op. cit.

La notion du temps

Le calendrier chinois illustre parfaitement cette complexité orientale qui parfois déroute les Occidentaux. En effet, alors que l'Occident a remplacé très tôt les systèmes primitifs de mesure du temps par un calendrier fondé sur l'évolution du Soleil, la tradition chinoise est non seulement restée fidèle au cycle lunaire (vingt-neuf jours), mais de plus elle lui a entremêlé le cycle solaire (365 jours et six heures), le cycle jupitérien (douze ans) et le cycle saturnien (vingt-neuf ans). De telle sorte que nous nous trouvons confrontés non à un seul cycle mais à une imbrication complexe de plusieurs cycles dissemblables, à l'image du zodiaque des Mayas qui comprend lui aussi plusieurs cycles s'interpénétrant comme les roues dentées d'un engrenage [3].

L'astrologie chinoise dispose ainsi de plusieurs unités de mesure pour calculer l'écoulement du temps et situer avec précision le moindre événement.

Le calendrier chinois débute en l'an 2637 av. J.-C., instauré par l'empereur Houang-Ti lors de la soixantième année de son règne. Le cycle majeur compte alors soixante ans. Celui-ci est ensuite divisé en cinq périodes de douze ans chacune, appelées « Grandes Années », équivalant environ à un cycle de Jupiter – c'est-à-dire le temps nécessaire pour que la planète fasse le tour complet du zodiaque.

Les douze années du cycle de Jupiter, numérotées à l'aide de caractères appelés zhi (branches), elles vont

3. Chez les Mayas, on dénombre quatre cycles majeurs : le « cycle sacré » (260 jours), l'« année imprécise » (365 jours), le « compte calendaire » (18 980 jours, soit près de 52 ans), le « compte long » (5 126 ans).

devenir les douze années du zodiaque chinois, auxquelles on attribuera plus tard les noms d'animaux emblématiques.

Chaque année du cycle jupitérien est donc considérée comme particulière, au point que toutes les personnes nées au cours d'une même année chinoise vont avoir quelque chose en commun, aussi bien dans leurs traits de caractère que dans leurs comportements, leurs tendances affectives ou psychologiques, leurs rapports avec les individus ou les situations vécues au quotidien. Telle est la base de toute étude dans l'astrologie chinoise.

Le Yin et le Yang

Comme les Égyptiens, les Chinois sont de grands observateurs. L'alternance des contraires, du jour et de la nuit, mais aussi plus largement de tous les opposés (vie/mort, activité/repos, force/faiblesse, noir/blanc, etc.), les conduit à concevoir un système où alternent deux forces majeures, qu'ils nomment *Yin* et *Yang*, sur lesquelles va dès lors reposer toute leur philosophie.

Le Yang est solaire, actif, masculin, dynamique et constructif, dédié au jour ; le Yin est lunaire, passif, féminin, destructeur, dédié à la nuit. Ces deux forces sont apparues lors du chaos originel, et depuis elles unissent leurs efforts complémentaires, l'équilibre se nourrissant, en toutes choses et successivement, de périodes de croissance et de décroissance.

Tout au long de sa vie, l'homme se dresse entre la Terre et le ciel. Son rôle consiste à œuvrer pour que l'harmonie universelle perdure et se perpétue à l'infini.

Pour ce faire, il doit connaître parfaitement tous les signes de la nature, les rapports entre le ciel et la Terre… qui par essence sont de nature cosmique.

Le symbole du Tao, englobant Yin et Yang en équilibre et en mouvement perpétuels

L'homme yin est calme, confiant, sociable, plutôt optimiste, actif et pragmatique, efficace, parfois instable, préoccupé par lui-même ; il recherche la réussite extérieure.

L'homme yang est intelligent, individualiste, indépendant (voire solitaire), souvent animé par une quête personnelle ; il défend des idées de liberté, ne reconnaît pas la hiérarchie, recherche un équilibre et une paix intérieurs.

Les cinq éléments

L'astrologie chinoise prend également en compte, de façon permanente, cinq éléments majeurs de la cosmogonie, c'est-à-dire inhérents non seulement à chaque naissance mais plus généralement à l'ordonnancement et au fonctionnement de l'ensemble de l'univers.

Ces cinq éléments, se succédant suivant un ordre identique, se nomment Bois, Feu, Terre, Métal, Eau.

On les représente toujours par les idéogrammes suivants :

土	水	木	火	金
Terre	*Eau*	*Bois*	*Feu*	*Métal*

La doctrine du Wuxing, c'est-à-dire des Cinq Éléments, dont on situe l'origine entre 350 et 270 avant J.-C., explique la constitution de l'univers chinois à partir de cinq forces, qui sont autant de manifestations de l'énergie cosmique. Le système d'interprétation qui en découle se fonde sur des associations précises :

• ***Bois :*** Croissance, développement, création, affirmation de soi, centrage sur l'ego. Lié au printemps, à l'éveil végétal. Associé à l'est (lever du Soleil). Également rattaché à la couleur verte, au foie et à la vésicule biliaire, à la saveur acidulée, et à la planète Jupiter.

• ***Feu :*** Chaleur, maturation, positivité en toutes circonstances, dynamisme, plénitude. Lié à l'été. Associé au sud (Soleil au zénith), à la couleur rouge (symbole du bonheur et couleur du mariage en Chine), au cœur et à l'intestin grêle, à la saveur amère, et à la planète Mars.

• ***Terre :*** Stabilité, conservation, équilibre. Liée à la fin de l'été. Associée au centre (en termes de direction), à la couleur jaune, à la rate et à l'estomac, à la saveur sucrée, et à la planète Saturne.

• ***Métal :*** Résistance, durée. Attaché aux valeurs du collectif plutôt qu'à celles de l'individuel. Lié à l'automne, au dépérissement végétal. Associé à l'ouest (coucher du Soleil), à la couleur blanche (symbole de deuil en Chine), aux poumons et au gros intestin, à la saveur piquante, et à la planète Vénus.

• ***Eau :*** Communication, nutrition, activité cachée. Liée à l'hiver, à l'obscurité, au mystère. Associée au nord (que ne visite jamais le Soleil), à la couleur noire (celle de la nuit), aux reins et à la vessie, à la saveur salée, et à la planète Mercure.

Les cinq éléments étant présents dans toutes les choses de la nature, ils sont l'expression des différents courants qui s'y côtoient, en une interdépendance permanente qui prend les allures d'un système cyclique, tour à tour créateur ou destructeur.

Cycle créateur : Bois-Feu-Terre-Métal-Eau.

Cycle destructeur : Bois-Terre-Eau-Feu-Métal, etc.

Il s'ensuit un cycle global au cours duquel création et destruction se succèdent, chaque élément étant engendré par le précédent et insufflant l'énergie propre au suivant. Ainsi que le montre le tableau suivant, l'Eau domine le Feu, le Feu domine le Métal, le Métal domine le Bois, le Bois domine la Terre, et la Terre domine l'Eau.

Relations entre les cinq éléments selon les cycles

ÉLÉMENT	NAÎT DE	ENGENDRE	EST DOMINÉ PAR	DOMINE
Bois	Eau	Feu	Métal	Terre
Feu	Bois	Terre	Eau	Métal
Terre	Feu	Métal	Bois	Eau
Métal	Terre	Eau	Feu	Bois
Eau	Métal	Bois	Terre	Feu

Par voie de conséquence, on peut en déduire les interactions suivantes entre les éléments, qui elles aussi peuvent donner des indications précises sur les rapports entre les signes chinois.

Relations et compatibilités entre les cinq éléments

ÉLÉMENT	MÉSENTENTE		NEUTRALITÉ	ENTENTE
	grave	*partielle*		
Métal	Feu	Terre	Métal	Eau, Bois
Feu	Eau	Terre	Feu	Bois, Métal
Eau	Terre	Métal	Eau	Feu, Bois
Terre	Bois	Feu	Terre	Eau, Métal
Bois	Métal	Feu	Bois	Terre, Eau

Chaque élément est lié non seulement à un jour de la semaine (lundi-Eau, mardi-Feu, mercredi-Eau, jeudi-Bois, vendredi-Métal, samedi-Terre, dimanche-Feu), mais également à deux années chinoises, de sorte que l'ensemble des cinq éléments couvre un cycle de dix années chinoises, lequel vient se combiner avec celui de douze ans du zodiaque chinois.

Correspondances et relations entre éléments

Bois	*Feu*	*Terre*	*Métal*	*Eau*	
Est Jupiter Vert Colère Vent	Sud Mars Rouge Joie Chaleur	Centre Saturne Jaune Désir Tonnerre	Ouest Vénus Blanc Peine Froid	Nord Mercure Noir Crainte Pluie	
Disputes	Disputes et réconciliations	Entente et prospérité	Séparation et instabilité	Volontés opposées	*Bois*
Confiance	Danger	Bonheur	Discorde	Jalousie	*Feu*
Brouilles et finances chaotiques	Dynamisme	Harmonie	Richesse et confort	Difficile	*Terre*
Danger	Danger	Contraintes	Luttes d'influence	Prospérité	*Métal*
Facilité	Néfaste	Ennuis d'argent	Faste	Incertitude	*Eau*

On considère généralement que l'élément attaché à un signe de naissance vient compléter et préciser celui-ci, de la même manière qu'un ascendant affine une définition dans le zodiaque occidental. Ainsi, un *Tigre de Bois* sera quelque peu différent d'un *Tigre d'Eau*.

La cosmologie chinoise

Grâce à l'apprentissage des données célestes et terrestres, de leurs liens étroits, de leurs interactions permanentes, l'homme peut accomplir sa mission : se mettre en harmonie avec l'univers. Le *Yi King* (Livre des transformations) énonce très clairement ce principe initial : « En découvrant les rapports secrets entre les choses, le sage aide la divinité à gouverner le monde. »

Sur cette base – fondamentale pour la pensée chinoise, bientôt enrichie par des ajouts babyloniens, perses et hindous – se développe au fil du temps ce qu'il faut bien considérer comme une véritable « doctrine cosmique des correspondances ».

Les érudits chinois élaborent ainsi une classification qui met en relation étroite les cinq planètes [1], les cinq éléments de la doctrine du Wuxing, les cinq directions (le centre ou le milieu venant s'ajouter aux points cardinaux que connaît l'Occident), les cinq seigneurs de ces directions (Dragon vert, Oiseau rouge, Maître de la Terre jaune, Tigre blanc, Guerrier noir), les cinq sens corporels, et cinq organes vitaux (rate, poumons, cœur, foie, reins).

1. Il s'agit de Jupiter, Mars, Saturne, Vénus et Mercure, les cinq planètes connues à l'époque. Neptune, Pluton et Uranus, beaucoup plus éloignées de la Terre et partant indécelables à l'œil nu, ne seront découvertes qu'entre la fin du XVIIIe et le début du XXe siècle.

Planètes	Jupiter	Mars	Saturne	Vénus	Mercure
Éléments	Bois	Feu	Terre	Métal	Eau
Directions	Est	Sud	Milieu	Ouest	Nord
Seigneurs des directions	Dragon vert	Oiseau rouge	Maître de la Terre jaune	Tigre blanc	Guerrier noir
Sens corporels	Odorat	Vue	Toucher	Goût	Ouïe
Organes internes	Rate	Poumons	Cœur	Foie	Reins

La nécessité de classifier ces « correspondances cosmiques », souvent pour des besoins très pratiques tels qu'une meilleure régulation de l'agriculture, conduit à l'élaboration d'une chronologie officielle et de calendriers déterminant les dates des rituels, des fêtes et autres sacrifices, précisant quels jours seront fastes et quels jours néfastes, etc. Le célèbre *Livre des annales* évoque la commande de tels calendriers, en 2357 avant J.-C., par l'empereur Yao aux astronomes qu'il entretient à sa cour. Ces documents sont jugés tellement essentiels à la bonne marche de l'empire de Chine qu'ils resteront une prérogative impériale jusqu'au début du XXe siècle (1912).

L'année astrologique chinoise

Dans la Chine ancienne, l'année était composée de douze mois lunaires [1]. Chaque lunaison est alors découpée en vingt-huit sieou, ou « palais de la Lune » ; le nom du jour est donc associé à l'emblème du sieou qui lui correspond. L'almanach officiel fournit les conseils nécessaires en fonction du sieou dans lequel se trouve la Lune, selon qu'elle est favorable ou non, propice à la chance ou engageant à la prudence, plus particulièrement recommandée pour telle ou telle cérémonie, etc. Il en va de même pour toutes sortes d'oracles, fondés sur l'interprétation des sieou en fonction des interrogations posées et du sujet abordé (naissance, maladie, affaires, mariage, enterrement, etc.).

Le commencement de la chronologie chinoise est fixé en l'an 2637 avant J.-C., sous le règne de l'empereur mythique Houang-Ti, qui aurait découvert le cycle jupitérien de 60 ans utilisé par la suite pour dénombrer les années et les cycles.

Les cultes planétaires chinois

On pratique alors nombre de rites dédiés aux astres. Il existe divers cultes planétaires, mais ceux du Soleil et de la Lune sont les plus importants. Chacun d'eux a ses temples, et les fêtes majeures y sont orchestrées par l'empereur en personne. Ce dernier s'entoure d'astrologues, qui scrutent et étudient le ciel en permanence, en interprétant les moindres phénomènes

1. Elle ne sera raccordée à l'année solaire que bien plus tard, par l'adjonction de jours supplémentaires.

comme autant de signes indiquant la marche à suivre pour conduire les affaires de l'État. Car il est impératif que le royaume des hommes s'harmonise en tout point avec celui ces cieux, réalisant ainsi « l'ordre cosmique ».

Les observations chinoises

Les observations du ciel sont réalisées par des spécialistes ayant le statut de fonctionnaires impériaux. Ils disposent pour accomplir leur tâche d'instruments astronomiques et de tables chiffrées, dont certaines sont probablement d'origine perse et babylonienne [2].

Outre cette forme d'observation céleste, la Chine dispose d'un autre système d'analyse astrologique, qui repose sur l'interprétation de trigrammes [3] combinés entre eux. Ce principe intéresse quatre divinités cosmiques, chacune régissant une division particulière : l'année, le mois, le jour, la double heure. Chacune de ces puissances divines est représentée par deux trigrammes (ce qui porte leur nombre total à huit).

Les huit trigrammes de base

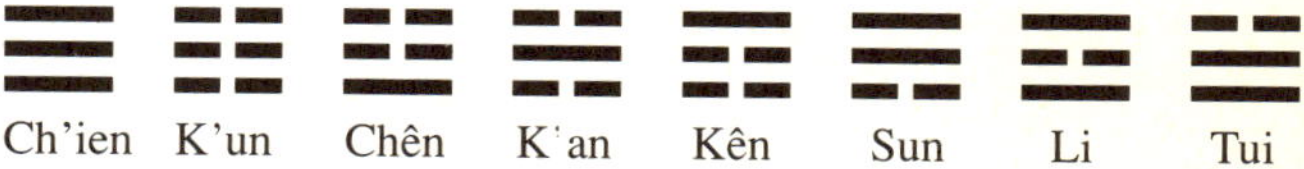

Ch'ien K'un Chên K'an Kên Sun Li Tui

2. Il faudra attendre le XVIIe siècle et le contact des Jésuites pour que l'astrologie chinoise soit adaptée aux normes de l'astronomie occidentale.
3. Figure composée de trois lignes horizontales superposées, entières ou discontinues. En Extrême-Orient, on obtient ces figures en remuant à l'horizontale une boîte contenant des baguettes en bois. Trois baguettes doivent successivement sortir, que l'on combinera de huit façons différentes afin d'interpréter les projets célestes.

Groupés par deux, les huit trigrammes forment soixante-quatre hexagrammes à l'interprétation d'autant plus complexe. Le Yi King, qui tente d'expliquer le sens de l'évolution universelle, se sert à ce propos de ces figures divinatoires.

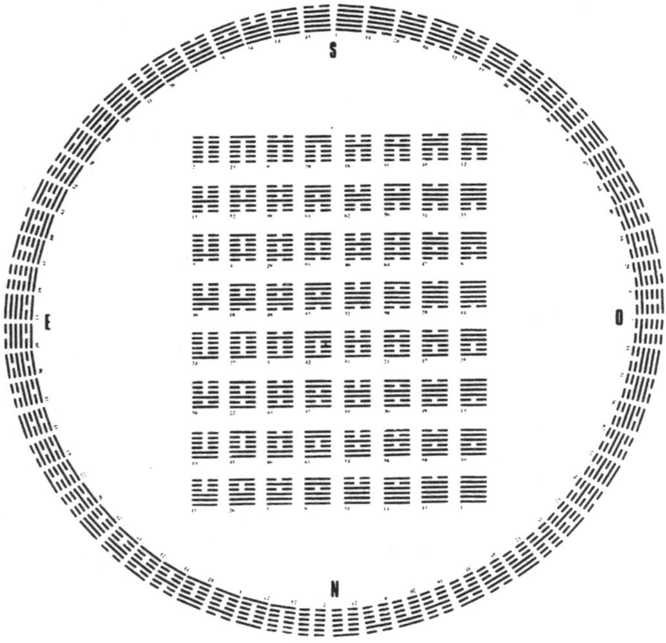

Les 64 hexagrammes du Yi King disposés en cercle, avec les mêmes hexagrammes disposés en carré, dans une représentation traditionnelle

L'horoscope chinois

L'horoscope chinois se compose de dix « branches célestes » (manifestations yin et yang des cinq éléments) et de douze « rameaux terrestres ».

Les dix branches célestes

1.	*Bois yang*	甲	*Jia*
2.	*Bois yin*	乙	*Yi*
3.	*Feu yang*	丙	*Bing*
4.	*Feu yin*	丁	*Ding*
5.	*Terre yang*	戊	*Wu (Mou)*
6.	*Terre yin*	己	*Ji*
7.	*Métal yang*	庚	*Geng*
8.	*Métal yin*	辛	*Xin*
9.	*Eau yang*	壬	*Ren*
10.	*Eau yin*	癸	*Gui*

Le cycle le plus communément utilisé compte douze années, douze mois et douze doubles heures auxquelles sont attribués des noms d'animaux. Ceux-ci se divisent en deux catégories opposées :

– les animaux mythiques, yang : Tigre, Cheval, Dragon, Serpent, Chèvre et Coq ;

– les animaux domestiques, yin : Rat, Buffle, Chat, Singe, Chien et Cochon.

La réunion des dix branches célestes et des douze rameaux terrestres en une même figure donne une représentation en forme de cercle incluant soixante doubles signes, à partir desquels on compte les années, les mois, les jours et les heures, toujours en se référant à d'officiels « calendriers millénaires ».

De la sorte, tout Chinois dispose dès sa venue au monde de huit trigrammes relatifs à sa date de naissance, sorte de sceau qui lui permettra tout au long de son existence de faire apprécier par un astrologue la nature conjoncturelle de cette configuration astrale en rapport avec des dates ou des événements donnés.

Pour ce faire, outre le signe du jour, l'astrologue utilise un instrument (généralement en forme de disque) sur lequel sont reportés, en cercles concentriques, toute sorte de symboles (saisons, directions, mois, jours, heures, âges de la vie).

LES SIGNES DU ZODIAQUE

Dans sa représentation la plus accessible au grand public, l'astrologie chinoise se présente sous la forme d'un cycle de douze années chinoises, chacune représentée par un animal symbolique.

Pourquoi des animaux ?

La légende veut que Bouddha en personne, plus de cinq siècles avant J.-C., ait convoqué les représentants du règne animal pour les informer de son accession à l'Éveil et leur attribuer une récompense.

La plupart des espèces, trop occupées à leurs activités quotidiennes, ne répondirent pas à cet appel. Seules douze d'entre elles daignèrent se présenter devant le Maître.

Bouddha leur marqua sa reconnaissance en leur dédiant à chacune une année, dans leur ordre d'arrivée : Rat, Buffle, Tigre, Chat, Dragon, Serpent, Cheval, Chèvre, Singe, Coq, Chien, et enfin Cochon. Les ans porteraient donc tour à tour leur nom, ce dernier restant à jamais associé à un symbolisme précis, à des tendances psychologiques et à des données comportementales spécifiques.

Ainsi naquit le cycle de douze ans du bestiaire de l'astrologie chinoise.

Les douze signes

En réalité, au début de l'astrologie chinoise, qui est bien antérieure à l'avènement du bouddhisme, les anciens idéogrammes des branches n'avaient rien à voir avec les douze animaux du zodiaque lunaire. Si, dès la fin du IIe millénaire avant J.-C., ils étaient utilisés pour distinguer les offices quotidiens, caractérisés chacun par une action rituelle particulière, il fallut attendre plusieurs siècles pour qu'ils soient aussi associés aux heures et aux années du cycle sexagésimal.

Quant aux douze braves animaux de la légende qui furent élus surintendants des différentes années en récompense de leur fidélité envers le Maître, jusqu'à l'an 600 de notre ère on n'en trouve pas trace. L'assonance de leurs noms en chinois avec une série analogue utilisée par les Turcs laisse à penser qu'ils ont été introduits en Chine par un peuple de langue turque, les Kirghiz. Au IXe siècle, ils semblent déjà assez répandus, comme le prouve un calendrier de l'époque, qui les représente en dignitaires de la cour, identifiables chacun par l'animal qui figure sur son bonnet.

L'ÉCRITURE DES SIGNES EN CHINOIS

Chaque animal du zodiaque chinois est défini par un idéogramme :

子	丑	寅
Rat	*Buffle*	*Tigre*
卯	辰	巳
Chat	*Dragon*	*Serpent*
午	未	申
Cheval	*Chèvre*	*Singe*
酉	戌	亥
Coq	*Chien*	*Cochon*

Les caractéristiques de base des signes

Bien que ne correspondant pas à la recherche occidentale de similitude entre des constellations et des figures, le zodiaque chinois n'en est pas moins complet. Il voit donc se suivre, dans un ordre immuable : le Rat, le Buffle (également appelé Bœuf), le Tigre, le Chat (également appelé Lapin, ou Lièvre), le Dragon, le Serpent, le Cheval, la Chèvre (également appelée Bouc, ou Mouton), le Singe, le Coq, le Chien, le Cochon (également appelé Porc, ou Sanglier), et de nouveau le Rat, le Buffle, etc.

L'astrologie populaire attribue à chacun des douze animaux un tempérament déterminé et une dose de chance. Ceux-ci seront favorisés ou contrariés selon la compatibilité de l'animal de l'année avec les animaux qui régissent le mois, le jour et l'heure de la naissance, lesquels sont dotés, eux aussi, d'une certaine sphère d'influence. Les principales caractéristiques émotionnelles et comportementales de chaque animal sont les suivantes :

Rat

Habileté, charme, attrait, sociabilité, ingéniosité, perspicacité, clairvoyance, intérêt très net pour l'économie, tendance à l'épargne et à l'accumulation, désir de gravir l'échelle sociale, ruse, opportunisme, avance, commérages.

Buffle (ou Bœuf)

Rigidité, constance, méthode, goût pour le travail, attachement à ses habitudes, indépendance, solidité des sentiments mais difficultés à les exprimer, sens de l'épargne, frugalité, discipline, ordre, colères rares mais violentes, grande fiabilité, sens pratique, manque d'imagination, résistance physique, puissance, réalisme.

Tigre

Courage, passion, impétuosité, charme, compétitivité, orgueil, tendance à dominer son entourage, manque de contrôle de soi, agressivité, égocentrisme, énergie et capacité à résoudre les questions les plus épineuses.

Chat (ou Lapin, ou Lièvre)

Réserve, paresse, douceur, intérêts artistiques, amour pour son intérieur et pour le confort, bienveillance, art de la conversation, tendance à éviter d'affronter la réalité, timidité excessive.

Dragon

Vitalité, instabilité, caractère imprévisible, charme magnétique, élégance, décision, exhibitionnisme, présomption, talents charismatiques, chance, capacité de vaincre en toutes circonstances, goût pour l'exotisme et le mystère mais avec une touche de superficialité et d'intolérance.

Serpent

Prudence, possessivité, attrait pour l'occulte et le mystère, charme, élégance innée, érotisme, sagesse quelque peu ingénue, forte capacité à se scandaliser, goût du secret, silence, froideur en cas de colère, infidélité, incapacité à suivre conseils et directives.

Cheval

Indépendance, intolérance, égoïsme, grande mobilité, attrait pour le sport, les voyages, les expériences nouvelles, sociabilité et désir de liberté, irresponsabilité, manque d'engagement, fougue, extraversion.

Chèvre (ou Bouc, ou Mouton)

Caprices, opportunisme, insatisfaction permanente, désordre, tendance à être envahissant, manque de méthode et d'énergie mais aussi douceur, compassion, sens artistique, docilité, amour de la paix.

Singe

Audace, hyperactivité, astuce, habileté, capacité à se sortir brillamment de toutes les situations, même les plus embrouillées, inventivité, sens de l'humour, versatilité, sociabilité, grand attachement à ses enfants, un peu de malhonnêteté.

Coq

Franchise, honnêteté, amour de la vérité, ponctualité, précision, manque total de diplomatie, rudesse de caractère, passion pour son métier, esprit de compétition, exhibitionnisme, extravagance.

Chien

Honnêteté, fidélité, protection et amitié offertes sans conditions, fiabilité totale, mais aussi pessimisme, méfiance, caractère difficile et grognon.

Cochon (ou Porc, ou Sanglier)

Candeur, satisfactions matérielles, gourmandise, caractère passionné, amour de la maison et de la famille, des réunions entre amis et des fêtes, sens de la justice et de l'honneur, esprit chevaleresque, prodigalité.

L'influence des cinq éléments

Ces caractères ne se manifestent pas de la même manière pour tous les Rats, Buffles, etc., mais revêtent des nuances différentes en fonction du Tronc, c'est-à-dire de l'élément associé à l'animal. Un Rat de type Bois exprimera ses caractéristiques d'une manière plus souple et plus créative qu'un Rat de Feu, qui aura tendance à les imposer. Un Rat d'Eau agira en silence, tandis qu'un Rat de Terre procédera lentement mais avec constance, et qu'un Rat de Métal fera preuve de dureté et de résistance pour parvenir à ses objectifs.

Les nuances yin et yang

Il faut en outre tenir compte de l'aspect yin ou yang, dualité qui fait que l'on pourrait dire qu'il y a dix et non cinq éléments différents et qui agit aussi sur les signes animaux. Ainsi, selon leur rang dans une Grande Année :

– sont yang (donc extravertis et agissant sur leur destin) tous les signes impairs, c'est-à-dire le Rat, le Tigre, le Dragon, le Cheval, le Singe et le Chien ;

– sont yin (donc introvertis et moins exubérants) tous les signes pairs, soit le Buffle, le Chat, le Serpent, la Chèvre, le Coq et le Cochon.

Cela est renforcé par le fait que les animaux yang ne s'associent jamais à des éléments yin et que les animaux yin ne peuvent être associés à des éléments yang.

Par exemple, un Rat, de constitution yang, pourra s'exprimer différemment selon l'élément (Feu, Eau, Terre, Métal ou Bois) auquel il est associé, mais il s'agira toujours du Feu, de l'Eau, de la Terre, du Métal ou du Bois dans son aspect yang, c'est-à-dire le plus dur, le plus manifeste, le plus destructeur, comme l'incendie, la tempête, le roc.

De même, le Buffle, de constitution yin, s'exprimera selon l'aspect yin de l'élément auquel il est associé, le plus domestiqué, comme la flamme de la bougie, la terre cultivée, le bois de bambou, pouvant résister au vent grâce à sa flexibilité remarquable.

Les compatibilités entre les signes

Tout comme les éléments peuvent s'harmoniser ou s'opposer, s'engendrer ou se détruire, insufflant leur harmonie ou leur inimitié au cœur de l'individu, du couple ou des relations familiales, les signes animaux peuvent s'harmoniser ou s'affronter, ce qui aura inévitablement des répercussions sur la personnalité et les relations interpersonnelles.

Compatibilité

Sont compatibles les signes constituant, selon la tradition, un couple (mari et femme) représentatif d'un aspect déterminé de l'existence, c'est-à-dire :

– Rat et Buffle : construction ;
– Tigre et Chat : croissance, évolution ;
– Dragon et Serpent : connaissance, mystère ;
– Cheval et Chèvre : génération, enfants ;
– Singe et Coq : carrière ;
– Chien et Cochon : amour, famille.

Sont également compatibles les signes qui, placés régulièrement sur un cercle selon leur rang dans une Grande Année, se trouvent à 120° l'un de l'autre [1], c'est-à-dire :

– Rat, Dragon et Singe. Ils ont en commun un tempérament actif, progressiste, social, brillant. Aussi intrépides qu'inquiets et impatients, ils cultivent de grandes ambitions. Toujours pleins d'idées, ils sont dotés de la force et du courage nécessaires pour les mener à bien, avec des solutions toujours nouvelles, imprévisibles et efficaces ;

– Tigre, Cheval et Chien. Ils partagent le goût des contacts, leur honnêteté et leur incorrigible idéalisme. Vifs, extravertis, mais un peu agressifs et trop exigeants, ils luttent énergiquement contre l'injustice. Ils ne trahiront jamais leur conscience ;

– Buffle, Serpent et Coq. Ils font montre d'un sens de l'engagement et de sérieux pour mener leurs affaires. Lutteurs décidés et diligents, ils sont constants dans leurs opinions. Ils aiment réfléchir et planifier lentement avant de prendre des responsabilités qu'ils pour-

1. Pour simplifier, si on transpose ce schéma sur le cadran d'une montre, chaque animal remplaçant une heure (puisqu'il y a graphiquement autant d'heures que d'animaux), seront compatibles entre eux ceux qui occupent la position minuit, 4 heures et 8 heures ; 1 heure, 5 heures et 9 heures ; 2 heures, 6 heures et 10 heures ; 3 heures, 7 heures et 11 heures.

raient regretter. Leur défaut : une certaine froideur, car chez eux l'esprit prévaut sur le cœur ;

– Chat, Chèvre et Cochon. Ils sont dotés d'un tempérament émotif et d'un grand amour pour l'art. Intuitifs, sentimentaux, tournés vers l'intérieur, ils s'adaptent bien à leur environnement et, en bons opportunistes, il leur est égal de dépendre des autres. Leur mot d'ordre : beauté, paix, harmonie.

INCOMPATIBILITÉ

Les signes ennemis, incompatibles, sont ceux qui, sur le même cercle, se trouvent à 180° l'un de l'autre, c'est-à-dire diamétralement opposés. Il s'agit de :

– Rat et Cheval ;
– Buffle et Chèvre ;
– Tigre et Singe ;
– Chat et Coq ;
– Dragon et Chien ;
– Serpent et Cochon.

Ces incompatibilités s'expliquent facilement si l'on examine l'élément « fixe » caractéristique de chacun de ces signes. Par exemple, on notera que le Rat et le Cheval, le Serpent et le Cochon sont ennemis parce que leurs éléments associés, l'Eau et le Feu, le sont aussi. De même, le Tigre et le Singe, le Chat et le Coq ne peuvent s'entendre du fait de leur attachement au Bois et au Métal (le Métal coupe le Bois). En revanche, les couples Buffle-Chèvre et Dragon-Chien semblent un peu moins problématiques : en effet leur élément associé, la Terre, finit par leur donner quelques points en commun.

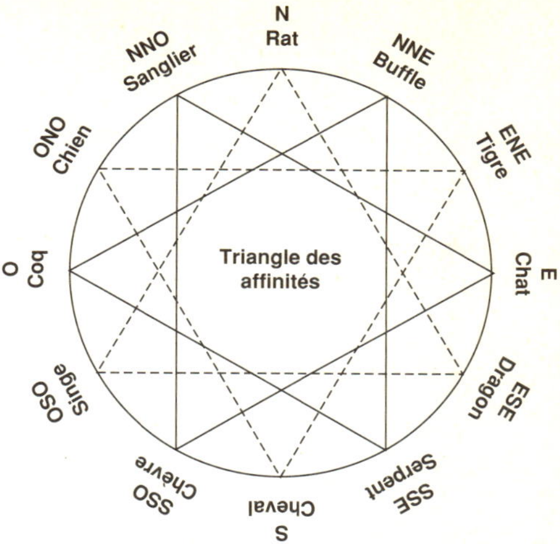

Schéma de compatibilité entre les signes animaux

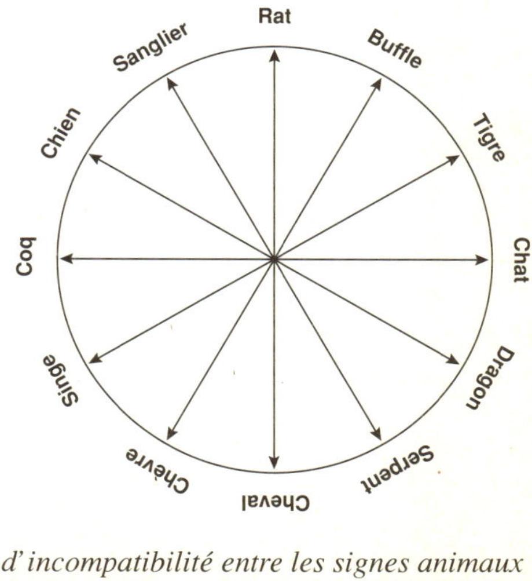

Schéma d'incompatibilité entre les signes animaux

En résumé, par les forces qu'ils gouvernent et l'énergie qu'ils symbolisent, les signes du zodiaque chinois exercent une influence non négligeable les uns sur les autres, qui dans bien des cas fournit des indications

	Rat	Buffle	Tigre	Chat	Dragon	Serpent
Rat	+	+	0	–	+ +	+
Buffle	+	+	–	+	–	+
Tigre	0	–	–	–	+	–
Chat	–	+	–	+	–	+
Dragon	+ +	–	+	–	0	+
Serpent	+	+	–	+	+	0
Cheval	– –	–	+ +	0	0	–
Chèvre	–	–	0	+ +	+	+
Singe	+ +	+	–	+	+ +	0
Coq	0	+ +	+ +	–	+ +	+ +
Chien	+ +	–	+ +	+ +	–	0
Cochon	+	+ +	+	+	+	–

Légende
+ + : excellents rapports.
+ : rapports harmonieux.
– : possibilité de désaccords.
– – : désaccord profond.

très significatives et révélatrices sur les rapports existants ou à venir entre les individus. Le tableau ci-dessous résume les liens de compatibilité de chaque signe vis-à-vis des autres.

Cheval	Chèvre	Singe	Coq	Chien	Cochon
– –	–	+ +	0	+ +	+
–	–	+	+ +	–	+ +
+ +	0	–	+ +	+ +	+
0	+ +	+	–	+ +	+
0	+	+ +	+ +	–	+
–	+	0	+ +	0	–
+	+ +	+	+ +	+	+
+ +	+	+ +	+ +	0	+
+	+ +	–	0	0	+
+ +	+ +	0	–	+	0
+	0	0	+	+	0
+	+	+	0	0	+ +

0 : désintérêt, rapports neutres.

L'activité des signes au cours de la journée

Chaque signe possède également une période quotidienne pendant laquelle son activité est dominante par rapport à celle des autres. Les douze signes se partagent la journée en tranches horaires de deux heures, de sorte que la totalité du jour soit couverte :

– le Rat gouverne la période de 23 heures à 1 heure ;
– le Buffle, la période de 1 heure à 3 heures ;
– le Tigre, la période de 3 heures à 5 heures ;
– le Chat, la période de 5 heures à 7 heures ;
– le Dragon, la période de 7 heures à 9 heures ;
– le Serpent, la période de 9 heures à 11 heures ;
– le Cheval, la période de 11 heures à 13 heures ;
– la Chèvre, la période de 13 heures à 15 heures ;
– le Singe, la période de 15 heures à 17 heures ;
– le Coq, la période de 17 heures à 19 heures ;
– le Chien, la période de 19 heures à 21 heures ;
– le Cochon, la période de 21 heures à 23 heures.

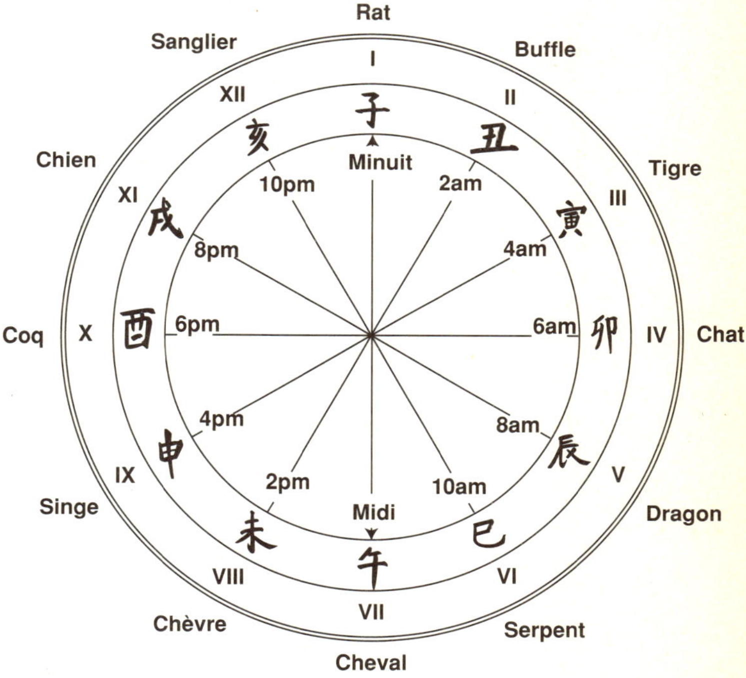

Les heures chinoises (les chiffres romains indiquent l'ordre des signes)

LE CALENDRIER CHINOIS

Le calendrier chinois est l'un des atouts majeurs de l'astrologie chinoise. C'est le seul au monde qui réalise véritablement la synthèse entre les éléments solaires et lunaires du cosmos tels qu'ils peuvent influencer à tout moment la trajectoire de chaque individu.

D'après ce calendrier, l'année chinoise compte douze ou treize mois, selon le cycle solaire des saisons.

Les 24 Qi ou périodes solaires

Nom	Position du Soleil	Date	Animal régnant
立春 1. *Li Chun*	Point médian du Verseau	4 février	**Rat**
雨水 2. *Yu Shui*	Entrée dans les Poissons	20 février	**Buffle**
驚蟄 3. *Jin Zhi*	Point médian des Poissons	5 mars	**Tigre**
春分 4. *Chun Fen*	Entrée dans le Bélier	21 mars	**Chat**
清明 5. *Qing Ming*	Point médian du Bélier	4 avril	**Dragon**
穀雨 6. *Gu Yu*	Entrée dans le Taureau	21 avril	**Serpent**
立夏 7. *Li Xia*	Point médian du Taureau	5 mai	**Cheval**

小滿 8. *Xiao Man*	Entrée dans les Gémeaux	21 mai	**Chèvre**
芒種 9. *Mang Zhong*	Point médian des Gémeaux	5 juin	**Singe**
夏至 10. *Xia Zhi*	Entrée dans le Cancer	22 juin	**Coq**
小暑 11. *Hsiao Shu*	Point médian du Cancer	6 juillet	**Chien**
大暑 12. *Da Shu*	Entrée dans le Lion	12 juillet	**Cochon**
立秋 13. *Li Chui*	Point médian du Lion	7 août	**Cochon**
處暑 14. *Qiu Shu*	Entrée dans la Vierge	22 août	**Chien**
白露 15. *Bai Lu*	Point médian de la Vierge	7 septemb.	**Coq**
秋分 16. *Qiu Fen*	Entrée dans la Balance	23 septemb.	**Singe**
寒露 17. *Han Lu*	Point médian de la Balance	8 octobre	**Chèvre**
霜降 18. *Shuang Jiang*	Entrée dans le Scorpion	23 octobre	**Cheval**
立冬 19. *Li Dong*	Point médian du Scorpion	7 novemb.	**Serpent**
小雪 20. *Xiao Xue*	Entrée dans le Sagittaire	22 novemb.	**Dragon**
大雪 21. *Da Xue*	Point médian du Sagittaire	6 décemb.	**Chat**
冬. 至 22. *Tung Chih*	Entrée dans le Capricorne	22 décemb.	**Tigre**
小寒 23. *Xiao Han*	Point médian du Capricorne	5 janvier	**Buffle**
大寒 24. *Da Han*	Entrée dans le Verseau	21 janvier	**Rat**

Les mois comptent pour leur part vingt-neuf ou trente jours, selon les révolutions lunaires, le premier jour du mois coïncidant obligatoirement avec une nouvelle lune.

L'année chinoise commence toujours, très précisément, le deuxième jour de nouvelle lune suivant le solstice d'hiver.

L'année lunaire chinoise

Trigrammes	Idéogrammes	Symboles Zoologiques	Lunaison	Points cardinaux	Période de l'année	Heures du jour	Dualisme
☷	子	Rat	11e lune	N	Solstice d'hiver	23 h	Maximum du yin
	丑	Buffle	12e lune			1 h	
☳				NE	Début du printemps		
	寅	Tigre	1re lune			3 h	
☲	卯	Chat	2e lune	E	Équinoxe de printemps	5 h	Égalité yin/yang
	辰	Dragon	3e lune			7 h	
☱				SE	Début de l'été		
	巳	Serpent	4e lune			9h	
☰	午	Cheval	5e lune	S	Solstice d'été	11 h	Maximum du yang
	未	Chèvre	6e lune			13 h	
☴				SO	Début de l'automne		
	申	Singe	7e lune			15 h	
☵	酉	Coq	8e lune	O	Équinoxe d'automne	17 h	Égalité yin/yang
	戌	Chien	9e lune			19 h	
☶				NO	Début de l'hiver		
	亥	Sanglier	10e lune			21 h	

Pour connaître son signe chinois

Pour connaître avec certitude le signe zodiacal chinois d'une personne, il faut prendre en compte sa date de naissance puis rechercher l'année chinoise contenant cette date. Le signe est donné par l'animal qui gouverne l'année en question.

Pour ce faire, on consulte une table de reconnaissance annuelle, qui combine à la fois le calendrier lunaire et des précisions sur les cinq éléments, ainsi que les principes yin et yang.

année de naissance	**animal**	**élément**	**principe**
31 janvier 1900 - 18 février 1901	Rat	Métal	Yang
19 février 1902 - 7 février 1902	Buffle	Métal	Yin
8 février 1902 - 28 janvier 1903	Tigre	Eau	Yang
29 janvier 1903 - 15 février 1904	Chat	Eau	Yin
16 février 1904 - 3 février 1905	Dragon	Bois	Yang
4 février 1905 - 24 janvier 1906	Serpent	Bois	Yin
25 janvier 1906 - 12 février 1907	Cheval	Feu	Yang
13 février 1907 - 1er février 1908	Chèvre	Feu	Yin
2 février 1908 - 21 janvier 1909	Singe	Terre	Yang
22 janvier 1909 - 9 février 1910	Coq	Terre	Yin
10 février 1910 - 29 janvier 1911	Chien	Métal	Yang
30 janvier 1911 - 17 février 1912	Cochon	Métal	Yin
18 février 1912 - 5 février 1913	Rat	Eau	Yang
6 février 1913 - 25 janvier 1914	Buffle	Eau	Yin
26 janvier 1914 - 13 février 1915	Tigre	Bois	Yang
14 février 1915 - 2 février 1916	Chat	Bois	Yin
3 février 1916 - 22 janvier 1917	Dragon	Feu	Yang
23 janvier 1917 - 10 février 1918	Serpent	Feu	Yin

année de naissance	animal	élément	principe
11 février 1918 - 31 janvier 1919	Cheval	Terre	Yang
1er février 1919 - 19 février 1920	Chèvre	Terre	Yin
20 février 1920 - 7 février 1921	Singe	Métal	Yang
8 février 1921 - 27 janvier 1922	Coq	Métal	Yin
28 janvier 1922 - 15 février 1923	Chien	Eau	Yang
16 janvier 1923 - 4 février 1924	Cochon	Eau	Yin
5 février 1924 - 24 janvier 1925	Rat	Bois	Yang
25 janvier 1925 - 12 février 1926	Buffle	Bois	Yin
13 février 1926 - 1er février 1927	Tigre	Feu	Yang
2 février 1927 - 22 janvier 1928	Chat	Feu	Yin
23 janvier 1928 - 9 février 1929	Dragon	Terre	Yang
10 février 1929 - 29 janvier 1930	Serpent	Terre	Yin
30 janvier 1930 - 16 février 1931	Cheval	Métal	Yang
17 février 1931 - 5 février 1932	Chèvre	Métal	Yin
6 février 1932 - 25 janvier 1933	Singe	Eau	Yang
26 janvier 1933 - 13 février 1934	Coq	Eau	Yin
14 février 1934 - 3 février 1935	Chien	Bois	Yang
4 février 1935 - 23 janvier 1936	Cochon	Bois	Yin
24 janvier 1936 - 10 février 1937	Rat	Feu	Yang
11 février 1936 - 30 janvier 1938	Buffle	Feu	Yin
31 janvier 1938 - 18 février 1939	Tigre	Terre	Yang
19 février 1939 - 7 février 1940	Chat	Terre	Yin
8 février 1940 - 26 janvier 1941	Dragon	Métal	Yang
27 janvier 1941 - 14 février 1942	Serpent	Métal	Yin
15 février 1942 - 4 février 1943	Cheval	Eau	Yang
5 février 1943 - 24 janvier 1944	Chèvre	Eau	Yin
25 janvier 1944 - 12 février 1945	Singe	Bois	Yang
13 février 1945 - 1er février 1946	Coq	Bois	Yin
2 février 1946 - 21 janvier 1947	Chien	Feu	Yang
22 janvier 1947 - 9 février 1948	Cochon	Feu	Yin

année de naissance	**animal**	**élément**	**principe**
10 février 1948 - 28 janvier 1949	Rat	Terre	Yang
29 janvier 1949 - 16 février 1950	Buffle	Terre	Yin
17 février 1950 - 5 février 1951	Tigre	Métal	Yang
6 février 1951 - 26 janvier 1952	Chat	Métal	Yin
27 janvier 1952 - 13 février 1953	Dragon	Eau	Yang
14 février 1953 - 2 février 1954	Serpent	Eau	Yin
3 février 1954 - 23 janvier 1955	Cheval	Bois	Yang
24 janvier 1955 - 11 février 1956	Chèvre	Bois	Yin
12 février 1956 - 30 janvier 1957	Singe	Feu	Yang
31 janvier 1957 - 17 février 1958	Coq	Feu	Yin
18 février 1958 - 7 février 1959	Chien	Terre	Yang
8 février 1959 - 27 janvier 1960	Cochon	Terre	Yin
28 janvier 1960 - 14 février 1961	Rat	Métal	Yang
15 février 1961 - 4 février 1962	Buffle	Métal	Yin
5 février 1962 - 24 janvier 1963	Tigre	Eau	Yang
25 janvier 1963 - 12 février 1964	Chat	Eau	Yin
13 février 1964 - 1er février 1965	Dragon	Bois	Yang
2 février 1965 - 20 janvier 1966	Serpent	Bois	Yin
21 janvier 1966 - 8 février 1967	Cheval	Feu	Yang
9 février 1967 - 29 janvier 1968	Chèvre	Feu	Yin
30 janvier 1968 - 16 février 1969	Singe	Terre	Yang
17 février 1969 - 5 février 1970	Coq	Terre	Yin
6 février 1970 - 26 janvier 1971	Chien	Métal	Yang
27 janvier 1971 - 15 janvier 1972	Cochon	Métal	Yin
16 janvier 1972 - 2 février 1973	Rat	Eau	Yang
3 janvier 1973 - 22 janvier 1974	Buffle	Eau	Yin
23 janvier 1974 - 10 février 1975	Tigre	Bois	Yang
11 février 1975 - 30 janvier 1976	Chat	Bois	Yin
31 janvier 1976 - 17 février 1977	Dragon	Feu	Yang
18 février 1977 - 6 février 1978	Serpent	Feu	Yin

année de naissance	animal	élément	principe
7 février 1978 - 27 janvier 1979	Cheval	Terre	Yang
28 janvier 1979 - 15 février 1980	Chèvre	Terre	Yin
16 février 1980 - 4 février 1981	Singe	Métal	Yang
5 février 1981 - 24 janvier 1982	Coq	Métal	Yin
25 janvier 1982 - 12 février 1983	Chien	Eau	Yang
13 février 1983 - 1er février 1984	Cochon	Eau	Yin
2 février 1984 - 19 février 1985	Rat	Bois	Yang
20 février 1985 - 8 février 1986	Buffle	Bois	Yin
9 février 1986 - 28 janvier 1987	Tigre	Feu	Yang
29 janvier 1987 - 16 février 1988	Chat	Feu	Yin
17 février 1988 - 5 février 1989	Dragon	Terre	Yang
6 février 1989 - 26 janvier 1990	Serpent	Terre	Yin
27 janvier 1990 - 14 février 1991	Cheval	Métal	Yang
15 février 1991 - 3 février 1992	Chèvre	Métal	Yin
4 février 1992 - 22 janvier 1993	Singe	Eau	Yang
23 janvier 1993 - 9 février 1994	Coq	Eau	Yin
10 février 1994 - 30 janvier 1995	Chien	Bois	Yang
31 janvier 1995 -18 février 1996	Cochon	Bois	Yin
19 février 1996 - 6 février 1997	Rat	Feu	Yang
7 février 1997 - 27 janvier 1998	Buffle	Feu	Yin
28 janvier 1998 - 15 février 1999	Tigre	Terre	Yang
16 février 1999 - 4 février 2000	Chat	Terre	Yin
5 février 2000 - 23 janvier 2001	Dragon	Métal	Yang
24 janvier 2001 - 11 février 2002	Serpent	Métal	Yin
12 février 2002 - 31 janvier 2003	Cheval	Eau	Yang
1er février 2003 - 21 janvier 2004	Chèvre	Eau	Yin
22 janvier 2004 - 8 février 2005	Singe	Bois	Yang
9 février 2005 - 28 janvier 2006	Coq	Bois	Yin
29 janvier 2006 - 17 février 2007	Chien	Feu	Yang
18 février 2007 - 6 février 2008	Cochon	Feu	Yin

Polarité, saison, signe cardinal

Une fois le signe de naissance déterminé, il est aisé d'identifier, via un second tableau générique, la polarité, le point cardinal et la saison qui lui sont les plus compatibles.

Signe	*Polarité*	*Point cardinal*	*Saison*
Rat	+	Nord	Hiver
Buffle	–	Nord	Hiver
Tigre	+	Est	Printemps
Chat	–	Est	Printemps
Dragon	+	Est	Printemps
Serpent	–	Sud	Été
Cheval	+	Sud	Été
Chèvre	–	Sud	Été
Singe	+	Ouest	Automne
Coq	–	Ouest	Automne
Chien	+	Ouest	Automne
Cochon	–	Nord	Hiver

Correspondances avec le zodiaque occidental

Chacun des douze rameaux terrestres (signes chinois) a une correspondance avec l'un des douze signes de la désignation zodiacale occidentale. On peut ainsi rapprocher :

– Rat et Bélier ;
– Buffle et Lion ;
– Tigre et Gémeaux ;
– Chat et Cancer ;

– Dragon et Lion ;
– Serpent et Vierge ;
– Cheval et Balance ;
– Chèvre et Scorpion ;
– Singe et Sagittaire ;
– Coq et Capricorne ;
– Chien et Verseau ;
– Cochon et Poissons.

Chien

Les années du Chien

- du 10 février 1910 au 29 janvier 1911
- du 28 janvier 1922 au 15 février 1923
- du 14 février 1934 au 3 février 1935
- du 2 février 1946 au 21 janvier 1947
- du 18 février 1958 au 7 février 1959
- du 6 février 1970 au 26 janvier 1971
- du 25 janvier 1982 au 12 février 1983
- du 10 février 1994 au 30 janvier 1995
- du 29 janvier 2006 au 17 février 2007
- du 16 février 2018 au 4 février 2019

PORTRAIT GÉNÉRAL DU CHIEN

Nom chinois : *Gou*
Période de la journée : 19 heures à 21 heures
Direction : ouest-nord-ouest
Saison : fin de l'automne
Mois : octobre
Élément : Terre
Polarité : yin

Présentation

Voici, en quelques mots, le tempérament que peut avoir le Chien :

– *en positif :* honnête, lutteur, actif, travailleur, équitable, intuitif, respectueux, lucide, discret, fougueux, tendre, fidèle, franc, loyal, charismatique, dévoué, scrupuleux, pur, chanceux, sensuel ;

– *en négatif :* suspicieux, inquiet, pessimiste, lubrique, blasé, sarcastique, strict, jaloux, naïf, crédule, solitaire, égoïste, conformiste, obstiné, gourmand, rêveur, intransigeant, méfiant.

Les quatre âges du Chien dans la tradition chinoise

• *Enfance :* stable, si la protection des parents est suffisamment efficace.

• *Adolescence :* quelque peu instable, amours difficiles.

• *Maturité* : relativement équilibrée, pour peu qu'il oublie les souvenirs douloureux et vive dans le présent.

• *Vieillesse :* les regrets ne servent à rien, il faut vivre chaque jour pleinement.

PSYCHOLOGIE DU CHIEN

Éternel insatisfait, viscéralement inquiet, obstiné, courageux, persévérant, conscient de ses responsabilités, généralement peu sociable, lucide, sens du ridicule très développé. Abhorre l'arrivisme, le pouvoir, la superficialité, l'inconstance. Généreux, chaleureux, volontiers à l'écoute des autres, désintéressé, noble, loyal, très fidèle, méfiant, émotif, hypersensible, quelquefois même craintif, profondément honnête, rigoureux, digne de confiance. N'aime pas l'imprévu.

L'ENFANT CHIEN

Sensible, affectueux, facile à vivre… à condition que ses parents l'entourent et le protègent le temps qu'il se structure. Grand besoin d'attention et de compréhension, imagination souvent morbide, âme quelque peu mystique. Dans les premières années, éprouve de la difficulté à faire le tri entre le rêve et la réalité. Adaptation à l'école parfois délicate. S'il se sent rejeté ou abandonné, peut devenir rancunier et solitaire. A besoin de contacts avec la nature pour se ressourcer. Plutôt exclusif, aime être « préféré ». Bien qu'introverti, sait être serviable, dévoué.

L'homme Chien

Peu mondain. N'aime pas faire des concessions. Épris de fonctionnel et de durable, intelligent, compétent, conservateur, sensuel, fidèle. Chef de famille parfois consciencieux, mais aussi prudent et inquiet, ce qui peut le conduire à être tyrannique.

La femme Chien

Entière, loyale, ambitieuse pour deux, s'épanouit surtout dans le mariage. Au-delà du confort, aime l'aisance. Sociable, avide de nouveauté, simple. Rejette ceux qui la déçoivent. Dévouée envers ceux qui lui portent de l'affection, romantique craignant la solitude. Tendance à vouloir amener les autres à ses propres conceptions de la vie.

Le Chien et la vie sentimentale

Fidèle, préfère la liaison longue et durable aux aventures. Affectueux, tendre, sensuel, passionné, sait résister aux tentations. Jaloux, souvent inquiet, a besoin d'être rassuré en permanence sur l'affection qu'on lui porte. Grande solidité morale, mais pessimisme latent. Souvent versatile, d'humeur inégale, très émotif et intuitif, perçoit fort justement les sentiments de l'autre. En cas de déception, peut se replier sur lui-même et rester longtemps solitaire.

Le Chien et la vie familiale

Parent souvent exclusif, quelque peu anxieux, parfois étouffant ; particulièrement conscient de ses devoirs. Peut aisément considérer que ses enfants justifient sa propre existence et s'investit en conséquence dans tout ce qui les concerne… sans toujours se rendre compte qu'il en fait parfois trop.

Le Chien et la vie professionnelle

Assez doué naturellement, mais pas assez indépendant et agressif. Manque parfois de motivation. Modeste, bienveillant, magnanime. Travailleur acharné, meneur d'hommes. Ambition raisonnable, sans plus. Déteste la malhonnêteté, l'hypocrisie et les combat avec fermeté. Intelligent, d'un jugement pertinent et rapide, amoureux du détail. Peu fait pour le matérialisme à tout prix – plutôt pour les sciences, la recherche, le social.

NUANCES PARTICULIÈRES

L'influence des cinq éléments sur le Chien

L'élément associé au signe astrologique chinois nuance la personnalité du sujet et affine la perception que l'on peut en avoir.

Chien de Métal

Sens de l'équité, fermeté, hardiesse, indépendance d'esprit.

Chien d'Eau

Un peu froid, imaginatif, romanesque, utopiste, dispersé, généreux.

Chien de Bois

Pacifique, noble, fort, calme, conformiste, proche de la nature.

Chien de Feu

Passionné, vif, liant, amateur de nouveauté.

Chien de Terre

Méditatif, prudent, tenace, réaliste, mordant.

L'apport de l'ascendant

Chaque signe astrologique chinois s'accompagne d'un signe secondaire relatif à l'heure de naissance, que l'on nomme son « compagnon de route ». Cette association apporte quelques précisions supplémentaires sur le caractère initial du sujet.

Chien ascendant Rat *(né entre 23 heures et 1 heure)*

Prompt, ambitieux, profite de la vie, léger.

Chien ascendant Buffle *(né entre 1 heure et 3 heures)*

Serein, réfléchi, plutôt lent.

Chien ascendant Tigre *(né entre 3 heures et 5 heures)*

Mondain, élégant, aime briller, assuré.

Chien ascendant Chat *(né entre 5 heures et 7 heures)*

Vertueux, prudent, désintéressé, parfois peu crédible.

Chien ascendant Dragon *(né entre 7 heures et 9 heures)*

Grand magnétisme, respectable, fidèle, idéaliste.

Chien ascendant Serpent *(né entre 9 heures et 11 heures)*

Charmeur, pessimiste, inconstant et contradictoire, manque de sérénité.

Chien ascendant Cheval *(né entre 11 heures et 13 heures)*

Tourmenté, actif, besoin d'être apprécié.

Chien ascendant Chèvre *(né entre 13 heures et 15 heures)*

Indépendant, manque d'assurance.

Chien ascendant Singe *(né entre 15 heures et 17 heures)*

Fantaisiste, équilibré, insouciant.

Chien ascendant Coq *(né entre 17 heures et 19 heures)*

Coquet, très attaché aux apparences, mondain.

Chien ascendant Chien *(né entre 19 heures et 21 heures)*

Hyperromantique, neurasthénique, grand pouvoir de séduction, difficultés à s'adapter au quotidien.

Chien ascendant Cochon *(né entre 21 heures et 23 heures)*

Casanier, tranquille, tendre, peu fantaisiste.

Les correspondances avec le zodiaque occidental

Chaque signe astrologique chinois, par le simple fait qu'il est attaché à une partie de l'année, entre en correspondance avec un signe du zodiaque occidental. En conséquence, la prise en considération simultanée de ces deux signes donne elle aussi quelques précisions intéressantes sur la nature profonde du sujet.

CHIEN-BÉLIER *(21 mars - 20 avril)*

Dynamique, au service des autres, idéaliste actif. Éprouve des difficultés à s'impliquer dans le long terme.

CHIEN-TAUREAU *(21 avril - 20 mai)*

Bon vivant, simple, passionné, très épanoui, quelque peu matérialiste, tendre, attentif, parfois dangereusement jaloux.

CHIEN-GÉMEAUX *(21 mai - 21 juin)*

Angoissé, un peu superficiel, ironique. Malgré une apparente sûreté, se repose sur les autres pour avancer.

CHIEN-CANCER *(22 juin - 22 juillet)*

Très sensible. Protège ses faiblesses derrière un masque de dandy. Vit dans le passé. Très tendre, persévérant.

CHIEN-LION *(23 juillet - 22 août)*

Prestigieux, a le fervent désir de prouver qu'il est le plus noble et le plus grand. Passionné, sensuel. Redoute la routine.

CHIEN-VIERGE *(23 août - 22 septembre)*

Compliqué, angoissé, timide, pudique. Rêve d'être le défenseur des valeurs morales. Manque de sensualité.

CHIEN-BALANCE *(23 septembre - 22 octobre)*

Sociable, conciliant, rigoureux, sélectif dans ses relations. Indécis sentimentalement, redoute l'échec et la déception, s'abandonne aux liaisons éphémères.

CHIEN-SCORPION *(23 octobre - 21 novembre)*

Misanthrope, peu sociable, esprit critique, angoissé, résistant, doté d'un solide humour noir.

CHIEN-SAGITTAIRE *(22 novembre - 20 décembre)*

Goût de l'abstraction. Méditatif, voire mystique. Grand sens de l'honneur. Idéaliste, indiscipliné.

CHIEN-CAPRICORNE *(21 décembre - 19 janvier)*

Taciturne, distant, discret. Sens aigu du devoir, des responsabilités. Épris d'efficacité, attache plus d'importance aux actes qu'aux paroles. A besoin de s'amuser. Aime la solitude.

CHIEN-VERSEAU *(20 janvier - 19 février)*

Désintéressé, altruiste, peu sensuel. Grand rêveur, pas très sociable, aime la solitude. Tolérant, dévoué à ses proches.

CHIEN-POISSONS *(20 février - 20 mars)*

Très sensible. Manque d'ambition. Aime rendre service. Réservé ; fuit lorsqu'on le déçoit.

COMPATIBILITÉ AVEC LES AUTRES SIGNES ASTROLOGIQUES CHINOIS

Complétés par les indications fournies par le caractère horaire (ascendant) et le signe occidental, les rapports existant entre les différents signes astrologiques chinois définissent la physionomie générale des relations que peuvent entretenir deux sujets selon les aspects de leur naissance.

Le Chien avec le Rat

Compréhension, fidélité, acceptation des différences rythment cette relation qui pourra avec le temps sécuriser l'un et l'autre. Grand respect mutuel.

Le Chien avec le Buffle

Une relation calme et sans histoire, empreinte de confiance et d'un peu de mystère entretenus de part et d'autre. Le respect de l'indépendance du partenaire peut aussi déterminer la réussite. Admiration réciproque, union souvent solide et durable.

Le Chien avec le Tigre

Quand deux idéalistes se rencontrent, tout peut arriver. L'inquiétude de l'un pallie l'insouciance de l'autre. Ils sont également inventifs, ingénieux. Où le Chien apporte de bons conseils, le Tigre sait apporter la résistance. Une entente durable, à condition d'avoir un vrai but en commun.

Le Chien avec le Chat

Une relation vouée à l'équilibre et à l'harmonie, alliant complicité, ouverture sur l'extérieur et recherche de valeurs très profondes.

Le Chien avec le Dragon

Attirés par leurs différences, ils ont cependant du mal à s'accorder sur les points les plus importants. L'un se veut discret et sérieux, l'autre se répand en critiques. Néanmoins, si chacun y met du sien, l'association peut devenir redoutable.

Le Chien avec le Serpent

Même si le Chien fait preuve d'une grande ouverture d'esprit, le Serpent le trouve moralisateur. Le Chien, en revanche, perçoit son compagnon comme futile. L'ennui n'est pas loin.

Le Chien avec le Cheval

Le Chien trouve le Cheval superficiel et agité, mais il profite aussi de l'éclat de ce dernier pour gagner lui-même en assurance. Le pessimisme du Chien et le besoin constant de se confier du Cheval les empêchent de s'engager véritablement dans une relation amoureuse. Par contre, ils peuvent s'associer en affaires et obtenir quelques beaux succès.

Le Chien avec la Chèvre

La Chèvre raconte ses aventures, le Chien écoute. Mais au-delà de cet échange superficiel ils ont du mal à être d'accord. Toutefois, s'ils évitent soigneusement les discussions houleuses, ils peuvent se lancer ensemble dans des projets professionnels… tout en sachant que la moindre once de rivalité risquera de mettre à mal leur entente.

Le Chien avec le Singe

Leur drôlerie commune les rapproche, davantage en amitié qu'en amour. Ils n'ont pas besoin de se séduire pour s'apprécier. Le Singe sait apporter à son compagnon Chien les provisions d'optimisme dont ce dernier a bien besoin. Leur côté non conventionnel peut aisément favoriser de belles réussites communes en affaires, pour peu qu'ils aient de vraies batailles à mener ensemble.

Le Chien avec le Coq

Assez complémentaires, ils peuvent aisément s'engager dans une relation amicale. Malheureusement, une méfiance réciproque gangrène souvent leurs rapports. Il leur faut absolument être placés sur le même plan, faute de quoi leur rivalité latente se réveille aussitôt.

Le Chien avec le Chien

La rencontre de deux idéalistes, portés vers une relation passionnelle, intense, mais souvent de courte durée, car tout ce qui ressemble à de la routine les ennuie. Aussi critique l'un que l'autre, ce qui peut les amuser un temps… jusqu'à ce qu'ils retournent leurs commentaires acerbes l'un contre l'autre. Difficile, dans ces circonstances, de partager des choses en profondeur, notamment en affaires.

Le Chien avec le Cochon

Le caractère entier du Chien éprouve des difficultés à s'accommoder de la frivolité et de l'indépendance du Cochon. Une union qui peut cependant se révéler très opérationnelle en affaires, le Cochon apportant au Chien l'énergie et l'optimisme qui lui manquent parfois.

LE CHIEN DANS LES ANNÉES ASTROLOGIQUES CHINOISES

Chaque année chinoise étant fortement influencée par le signe astrologique dont elle dépend, il est toujours intéressant de considérer la combinaison formée par le signe de naissance du sujet et celui de l'année en cours.

Le Chien dans l'année du Rat

Année vouée aux joyeuses gambades hors de la maison. Nombreuses opportunités à saisir, souvent riches de promesses.

Le Chien dans l'année du Buffle

Période placée sous le signe d'une nécessaire rigueur. Morosité, inquiétudes diverses. Un tel plan d'austérité n'est pas sans conséquences sur l'amabilité du Chien !

Le Chien dans l'année du Tigre

Année agitée sur le plan général, ce qui ramène le Chien à une pleine activité. Chance évidente. Second souffle, plongée dans des aventures professionnelles génératrices d'avancement, mondanités. Voyage.

Le Chien dans l'année du Chat

Les bienfaits de l'année précédente perdurent. Réalisations en perspective.

Le Chien dans l'année du Dragon

Après l'énergie considérable dépensée l'an précédent, la fatigue commence à se faire sentir, ce qui rend les choses plus difficiles. Période plus terne : désillusions, dangers ; courts voyages.

Le Chien dans l'année du Serpent

Année calme, consacrée aux plaisirs de la maison. Vie sociale réduite, au profit de la famille.

Le Chien dans l'année du Cheval

Période d'attente, en demi-teinte dans quasiment tous les domaines. L'idéal pour se consacrer au sport et aux loisirs.

Le Chien dans l'année de la Chèvre (2003)

Le temps est au mouvement : désir de déménager, rénovations dans la maison, enrichissement culturel. Calme et routine sur le plan sentimental.

Le Chien dans l'année du Singe

Année délicate ; grande confusion en amour, qui prédispose à adopter un profil bas et à laisser faire les événements. Néanmoins, finances stables, vie sociale prenante, goût pour les mondanités.

Le Chien dans l'année du Coq

Année marquée par le retour à un certain réalisme en amour, conduisant à l'abandon des utopies et à certaines concessions. Attention aux conflits familiaux. Affaires plutôt bien protégées par les astres, spécialement en matière de commerce.

Le Chien dans l'année du Chien

Année favorable pour monter en première ligne. Unions sentimentales et autres favorisées. Bond en avant côté vie sociale… au point d'en oublier son pessimisme naturel.

Le Chien dans l'année du Cochon

L'énergie se recentre sur la famille, la maison, et leurs joies simples. Pour un temps, les affaires extérieures passent au second plan (et vont même prendre du retard).

Prévisions

2005, ANNÉE DU COQ

L'année du Coq commence le 9 février 2005 et se terminera le 28 janvier 2006.

Une année du Coq est généralement une année au cours de laquelle il est difficile de résister à l'attrait de l'aventure, de la fuite en avant dans des entreprises à l'issue incertaine.

Il peut donc s'ensuivre des problèmes de stabilité et d'équilibre.

Durant une année du Coq, il faut se résoudre à investir du temps et du travail sans en attendre des effets immédiats. En effet, la période est propice à un avancement global de la situation et non pas à la percée fulgurante dans tel ou tel domaine.

Au cours d'une année du Coq, les initiatives doivent être mûrement réfléchies, faute de quoi de sérieux désagréments pourraient en résulter.

Néanmoins, pendant l'année du Coq de belles entreprises et des projets créatifs peuvent voir le jour, sachant qu'en toutes circonstances il vaudra mieux franchir les étapes une à une plutôt que de vouloir obtenir des résultats rapides..

Rôle et importance des prévisions

De par la nature même de l'astrologie chinoise, qui fait intervenir de nombreux paramètres tels que les polarités Yin et Yang, les 5 éléments, les compagnons de route (ascendants), les multiples relations avec les corps célestes et autres constellations, les nuances qui peuvent en résulter dans la vie quotidienne sont à la fois innombrables et fluctuantes.

À ce titre, les prévisions astrologiques fondées sur ces données doivent être interprétées comme des indications, des grandes lignes directrices qui, dans le détail, pourront parfois prendre des formes ou des expressions différentes pour des personnes nées sous le même signe, selon la sensibilité et la nature profonde de chacun, en fonction d'influences astrales elles aussi en perpétuelle mutation.

Il est donc important de percevoir ces prévisions non pas comme des informations définitives, mais comme d'utiles précisions que chacun, dans son libre arbitre quotidien, aura à cœur de prendre en compte pour tracer au mieux sa propre trajectoire.

Les grandes lignes de l'année 2005

	Santé	*Vie familiale*	*Vie sentimentale*	*Vie professionnelle*
Février	–	+	O	–
Mars	O	+	O	+
Avril	–	–	O	+
Mai	–	O	–	–
Juin	O	–	+	+
Juillet	+	O	+	+
Août	–	O	+	–
Septembre	O	O	–	+
Octobre	–	–	–	+
Novembre	–	+	+	+
Décembre	–	–	O	O
Janvier 2006	+	+	O	O

Légende

+ *: positif.* **O** *: neutre (ni bon ni mauvais).*
– *: plutôt négatif.*

Priorités pour 2005

• **À faire :** être prudent et patient dans tous les domaines.

• **À ne pas faire :** vouloir affronter les supérieurs ou transgresser les règles.

HOROSCOPE DU CHIEN

Février 2005

Santé. Quelques soucis de circulation pourraient survenir. Rien de grave, mais néanmoins vous pourriez avantageusement faire procéder à quelques examens afin d'en avoir le cœur net. Occupez-vous plus sérieusement de votre santé.

Vie familiale. Votre bel enthousiasme est communicatif et touche toute votre famille. Soyez ouvert et près des vôtres en cette période où tout semble sourire à votre « clan ».

Vie sentimentale. Laissez parler votre intuition lorsque vous ne savez plus très bien où vous en êtes. Suivez davantage votre instinct et vous saurez précisément comment orienter cette histoire. Et à l'occasion, écoutez aussi davantage l'élu de votre cœur.

Vie professionnelle. Votre stabilité intérieure vous empêche d'être ballotté par des événements qui touchent de près votre secteur d'activité. Courbez le dos et prenez votre mal en patience.

Mars

Santé. Votre énergie semble bonne, vos ressources suffisants. Mais ne tirez pas pour autant sur la corde de manière inconsidérée, vous pourriez avoir des surprises désagréables.

Vie familiale. Votre imagination fait des merveilles pour donner à toute la famille du « peps » et l'impulsion nécessaire pour faire face aux aléas du quotidien.

Vie sentimentale. Calme plat, pas de vagues… à la limite de l'ennui. Si vous vous contentez de cela, OK. Mais si cela ne vous suffit pas, alors prenez les choses en mains. Vous savez quoi faire.

Vie professionnelle. Une idée nouvelle pourrait venir relancer votre trajectoire professionnelle. Prenez le temps de la peaufiner, puis lancez-vous. Vous serez surpris du résultat.

Avril

Santé. Prenez le temps de vous occuper de vous, de respirer, de vous dépenser pour éliminer toutes les tensions du stress quotidien. Il y va de votre équilibre physique et psychologique.

Vie familiale. La routine familiale vous pèse soudain plus qu'à l'ordinaire. Faites un effort, il en va de même pour tout le monde. Si c'est trop dur, confiez-vous ; la famille sert aussi à franchir les moments plus difficiles.

Vie sentimentale. Au lieu de « tourner autour du pot », dites clairement ce que vous voulez et ce dont vous avez besoin. Les choses ne sont jamais aussi claires que lorsqu'on les énonce le plus simplement du monde.

Vie professionnelle. Votre sérieux et votre retenue correspondent exactement à ce que l'on attend de vous durant cette période. Cela devrait vous permettre de vous repositionner avantageusement dans votre travail.

Mai

Santé. Vous vous rendez bien compte, par moments, que votre corps ne répond plus comme auparavant aux sollicitations que la vie quotidienne lui impose. Si vous voulez retrouver la forme, faire ce qu'il faut pour cela.

Vie familiale. Un achat important s'impose pour la famille. Prenez soin de consulter vos proches avant toute décision ; après tout, chacun est concerné, donc il est bien normal que tous aient leur mot à dire.

Vie sentimentale. Soyez plus philosophe et remettez-vous en davantage à votre bonne étoile. On ne peut pas indéfiniment entretenir une histoire qui n'apporte pas suffisamment de satisfactions.

Vie professionnelle. Un certain retard apporté à un projet en cours vous indispose quelque peu. Ne vous alarmez pas et dites-vous que cela « teste » votre patience. Le projet est cohérent et plutôt bien aspecté. Simplement, ce n'est pas le bon moment.

Juin

Santé. Intéressez-vous davantage à la richesse énergétique de ce que vous mangez. Vous aurez des surprises, qui vous amèneront à rééquilibrer pas mal de choses.

Vie familiale. Attention : vous avez tendance à ne pas écouter ce que l'on vous dit. Et par instants vos proches n'apprécient guère que vous ne respectiez pas leur opinion.

Vie sentimentale. Vous avez besoin de plus d'intimité avec la personne qui compte le plus pour vous. Débrouillez-vous, aménagez votre temps… mais c'est indispensable !

Vie professionnelle. Le temps est venu pour vous d'accepter de nouvelles responsabilités. Maintenant que vous êtes prêt dans votre tête, faites-le savoir à qui de droit.

Juillet

Santé. Votre énergie débordante fait des merveilles pour tout ce qui ressort du quotidien. Attention toutefois à ne pas en faire trop.

Vie familiale. Soyez plus concret et « terre à terre ». Pour ce qui est des affaires familiales, rien ne vaut le bon sens le plus élémentaire et une mise en pratique simple et cohérente.

Vie sentimentale. On peut se sentir proche de l'autre de mille manières, mais ne manquez pas pour autant de réalisme. Soyez concret et tout ira bien.

Vie professionnelle. De nouvelles rencontres pourraient vous permettre de faire valoir votre expérience et vos points de vue, jusqu'à vous apporter quelques avantages.

Août

Santé. Attention à votre impulsivité du moment, qui pourrait vous jouer quelques mauvais tours sur le plan nerveux. Calmez-vous et votre cœur ne s'en portera que mieux.

Vie familiale. Vous avez à présent l'occasion de repousser quelque peu cette routine que vous sentez vous envahir une partie de l'année. Innovez, voyez les choses différemment. Prenez de nouvelles résolutions.

Vie sentimentale. La période est favorable aux relations intimes, ce qui vous enchante et génère des moments chargés de tendresse et de complicité. Savourez.

Vie professionnelle. On vous juge à tort. Défendez-vous, mais ne vous abandonnez pas à utiliser les mêmes armes que ceux qui s'attaquent à vous. Soyez plus subtil, il existe un moyen beaucoup plus efficace pour faire taire les ragots.

Septembre

Santé. Soignez votre corps, soignez votre esprit. Tout va ensemble. Prenez garde de ne négliger ni l'un ni l'autre, faute de quoi les problèmes surgiront à un moment ou un autre.

Vie familiale. Vous êtes actuellement plus enclin au calme et à la solitude qu'aux grandes sorties en famille. Faites la part des choses : vous n'êtes pas seul en cause et vos proches ont besoin d'un peu d'égards de votre part.

Vie sentimentale. Vous avez tendance, ces temps-ci, à ressasser de vieilles histoires, ce qui contribue à entretenir une très mauvaise ambiance. Oubliez le passé et faites du présent quelque chose de grand et de fort.

Vie professionnelle. Voilà enfin l'ouverture que vous attendiez pour faire valoir votre expérience et vos idées. Allez-y, c'est le moment de vous mettre en avant. Et surtout, soyez concret !

Octobre

Santé. Vous vous sentez soudain plus fragile qu'à l'ordinaire. Ne vous alarmez pas, mais soyez néanmoins vigilant. Cherchez à comprendre ce que votre corps veut vous dire par le biais de ces petits tracas quotidiens.

Vie familiale. Ne laissez pas les problèmes d'argent éclipser tout le reste et entacher l'ambiance au sein de la famille. Chaque chose en son temps, et à chaque question sa réponse. Vous avez en vous les moyens de trouver des solutions efficaces.

Vie sentimentale. Le retour en pleine conscience d'une histoire passée met un peu de distance entre vous et l'élu de votre cœur. Ne vous laissez pas déstabiliser plus que de raison par ces souvenirs d'un autre temps.

Vie professionnelle. Créativité et bon sens semblent être les maîtres mots de cette période. Sachez en profiter pour conforter vos acquis et renforcer votre position. Cela pourrait bientôt servir…

Novembre

Santé. Une douleur au dos pourrait vous rappeler que vous ne faites pas suffisamment d'exercice. Pas besoin pour autant de faire de la gymnastique. Contentez-vous de marcher davantage et vous brûlerez les toxines qui encombrent votre organisme.

Vie familiale. Plus que jamais, les affaires de la maison vous passionnent et vous prenez un réel plaisir à vous en occuper, y apportant votre touche personnelle et attachant une importance légitime aux avis des autres.

Vie sentimentale. La relation du moment est sans conteste la plus enrichissante que vous ayez jamais vécues. Ou alors, c'est que vous ne savez pas voir l'évidence.

Vie professionnelle. Vous avez les bonnes sensations, et parfois même les idées pouvant débloquer les situations en cours. À vous de faire preuve de suffisamment de subtilité pour en user à votre avantage

Décembre

Santé. Quelques maux de tête et un stress persistant risquent de perturber un peu cette période. Soyez vigilant pour dormir suffisamment et vous gardez des « plages » de décontraction qui seront très appréciables.

Vie familiale. Tout ce qui concerne les habitudes ou les règlements vous pose problème en ce moment. Faites un effort pour être plus sociable, surtout vis-à-vis de vos proches.

Vie sentimentale. Soyez plus attentif à ce que votre partenaire est au plus profond de lui. Vous vous en rapprocherez d'autant et cela renforcera les liens qui vous unissent.

Vie professionnelle. Un nouveau projet semble se dessiner dans votre sphère d'activité Si vous voulez y participer, c'est le moment de vous impliquer, quitte à bousculer un peu les us et coutumes de la profession.

Janvier 2006

Santé. Une année qui se termine plutôt bien du point de vue santé. Quelques douleurs ici ou là, mais rien d'alarmant. Entretenez-vous davantage et la transition avec l'année à venir se passera bien.

Vie familiale. Votre esprit pratique et votre sens de la planification font des merveilles. Soyez opérationnel autant que possible, les vôtres apprécieront.

Vie sentimentale. Par instants, des idées de liberté accrue vous traversent l'esprit. Sachez y puiser de quoi voir votre quotidien sous un nouvel angle, sans toutefois mettre en danger la relation en cours.

Vie professionnelle. Comptez d'abord et surtout sur vous-même. N'écoutez les avis des autres qu'en dernier ressort, ou par pure politesse. Personne ne pourra mieux vous conseiller que votre propre instinct.

CHIEN : LES PENSÉES CHINOISES POUR L'ANNÉE DU COQ

Février 2005

La sagesse des princes réside en ce qu'ils n'exigent jamais des autres que ce qu'ils ont exigé d'eux-mêmes.

CONFUCIUS

Mars 2005

Quand le peuple ne craint plus le pouvoir, c'est qu'il espère déjà un autre pouvoir.

LAO-TSEU

Avril 2005

De nature, les hommes sont assez semblables.

CONFUCIUS

Mai 2005

La victoire appartient à ceux dont les troupes sont unies autour d'un objectif commun.

SUN TZU

Juin 2005

Qui veut gravir une montagne commence par le bas.

CONFUCIUS

Juillet 2005

À palais brillants, greniers vides.

LAO-TSEU

Août 2005

Nature sans culture est fruste ; culture sans nature est pédante. De leur harmonie naît l'homme de bien.

CONFUCIUS

Septembre 2005

Les hommes craignent la mort, mais se l'attirent en traitant inhumainement les autres. En cela, ils agissent comme s'ils fuyaient l'ivresse en buvant sans limites.

MONG-TSEU

Octobre 2005

L'homme de bien est impartial et vise l'universel ; l'homme de peu est sectaire et ne poursuit que privilèges.

CONFUCIUS

Novembre 2005

Notre invincibilité dépend de nous, la vulnérabilité de notre ennemi dépend de lui.

SUN TZU

Décembre 2005

Richesse ne va pas avec bonté ; bonté ne va pas avec richesse.

MONG-TSEU

Janvier 2006

Petite correction vaut mieux que grand avertissement.

IN *YI KING*

Table des matières

Introduction
à l'astrologie chinoise .... page 7
Histoire de l'astrologie chinoise .... » 11
Les principes de base .... » 12
L'année astrologique chinoise .... » 24
L'horoscope chinois .... » 27
Les signes du zodiaque .... » 29
Les douze signes .... » 30
L'influence des cinq éléments .... » 35
Les nuances yin et yang .... » 35
Les compatibilités entre
les signes .... » 36
L'activité des signes au cours
de la journée .... » 42
Le calendrier chinois .... » 45
Pour connaître son signe chinois ..... » 48

LE CHIEN
Portrait général du Chien .... » 57
Présentation .... » 57
Psychologie du Chien .... » 59
Le Chien et la vie sentimentale .... » 60
Le Chien et la vie familiale .... » 61
Le Chien et la vie professionnelle .... » 61

Nuances particulières . . . . page 63
L'influence des cinq éléments
sur le Chien . . . . » 63
L'apport de l'ascendant . . . . » 64
Les correspondances avec
le zodiaque occidental . . . . » 66
Compatibilité avec les autres
signes astrologiques chinois . . . . » 69
Le Chien dans les années
astrologiques chinoises . . . . » 73

PRÉVISIONS

2005, année du Coq . . . . » 79
Rôle et importance des prévisions . . . . » 80
Les grandes lignes de l'année 2005 . . . » 81
Priorités pour 2005 . . . . » 82
Horoscope du Chien . . . . » 83
Février 2005 . . . . » 83
Mars . . . . » 84
Avril . . . . » 84
Mai . . . . » 85
Juin . . . . » 86
Juillet. . . . . » 86
Août . . . . » 87
Septembre . . . . » 88
Octobre . . . . » 88
Novembre . . . . » 89
Décembre . . . . » 90
Janvier 2006 . . . . » 91
Chien : les pensées chinoises pour
l'année du Coq. » 92

Achevé d'imprimer en novembre 2004
à Milan, Italie,
sur les presses de Grafiche Milani

Dépôt légal : novembre 2004
Numéro d'éditeur : 8813